Abnehmen + schlank werden mit der
Low Carb Diät

Kochbuch
für den Thermomix TM5 + TM31

Expresskochen
Mittagessen und Abendessen

Schnelle Rezepte
und Blitzrezepte z.T. vegetarisch
Essen fast ohne Kohlenhydrate

Christina Walter

Bibliografische Information der Deutschen Nationalbibliothek:
Die Deutsche Nationalbibliothek verzeichnet diese Publikation in der Deutschen Nationalbibliografie; detaillierte bibliografische Daten sind im Internet über http://dnb.dnb.de abrufbar.

1. Auflage 2016
Cover-Titelbild: © Can Stock Photo / stockcreations
Copyright © 2016 Christina Walter
Alle Rechte vorbehalten

Herstellung und Verlag: BoD – Books on Demand, Norderstedt
ISBN 9783741283253

Inhaltsverzeichnis

Vorwort 1
Low Carb Mittagessen Rezepte 2
mit Fleisch oder Fisch 2
vegetarisch 12
Low Carb Abendessen Rezepte 22
mit Fleisch oder Fisch 22
vegetarisch 37

VORWORT

Wer schlank sein will und sich abwechslungsreich ernähren möchte, muss trotzdem nicht hungern. Die Low Carb Diät zeigt, dass auch bei einer kohlenhydratarmen Ernährungsform viel Genuss darin steckt.

Dieses Kochbuch zeigt, wie leckere Low Carb-Gerichte für ein Abendessen und Mittagessen in maximal 30 Minuten zubereitet sind.

Jedes Rezept enthält außerdem detaillierte Angaben zu Kohlenhydraten und Kalorien.

Die Rezepte sind geeignet für den Thermomix TM31 und TM5* - *Bei der Bezeichnung „Thermomix" handelt es sich um eine geschützte Marke der Firma Vorwerk (CH).

Hinweis:
Jede Art von Diät sollte vorher mit einem Arzt besprochen werden.

Low Carb Mittagessen Rezepte:

Schweineschnitzel mit Möhren-Basilikum-Gemüse

Pro Portion ca.: 15 g Kohlenhydrate, 601 kcal

Zutaten für 4 Portionen:
150 g Mandeln
700 g Möhren
1 Bund Basilikum
30 g Butter
300 g Gemüsebrühe
25 g Crème fraîche
4 Schweineschnitzel
Salz, Pfeffer aus der Mühle
2 Eier
15 g geschlagene Sahne
30 g Öl zum Braten
4 Zitronenscheiben

Zubereitung:
Mandeln in den Mixtopf geben und 30 Sek. / Stufe 10 mahlen und umfüllen.

Die Möhren putzen, waschen, schälen und in Scheiben schneiden. Basilikum waschen, trocken schütteln, die Blättchen abzupfen und hacken. (1 EL beiseitelegen).

Butter, Gemüsebrühe und Möhren im Mixtopf ca. 20 Min. / 100 ° / Linkslauf / Sanftrührstufe dünsten.

Crème fraîche und Basilikum dazugeben und 2 Min. / Linkslauf / Stufe 1 verrühren.

Inzwischen die Schweineschnitzel zwischen Frischhaltefolie dünn ausklopfen und auf beiden Seiten salzen und pfeffern.

Eier und Sahne in einer Schüssel mit einer Gabel verquirlen.

Nacheinander die Schnitzel durch die Eiersahne ziehen und anschließend in den gemahlenen Mandeln wenden.

Öl in einer Pfanne erhitzen und die Schnitzel ca. 3 - 4 Minuten von jeder Seite braten.

Schweineschnitzel mit dem Möhren-Basilikum-Gemüse und den Zitronenscheiben auf Tellern anrichten und mit dem restlichen Basilikum bestreuen.

Feuriger Topinambur-Eintopf

Pro Portion ca.: 9 g Kohlenhydrate, 393 kcal

Zutaten für 4 Portionen:
450 g Topinambur
2 rote Paprikaschoten
1 Chilischote, rot
2 Schalotten
1 Knoblauchzehe
20 g Rapsöl
450 g Hackfleisch
550 g Gemüsebrühe
100 g Pizzatomaten, zuckerfrei
Salz, Cayennepfeffer

Zubereitung:
Topinambur waschen, schälen und würfeln. Paprikaschoten waschen, putzen und in Streifen schneiden. Die Chilischote waschen und entkernen.

Schalotten schälen, halbieren und zusammen mit der geschälten Knoblauchzehe und Chilischote in den Mixtopf geben und 3 Sek. / Stufe 8 zerkleinern.

Rapsöl dazugeben und 2 Min. / Varoma / Stufe 1 andünsten. Das Hackfleisch dazugeben und ca. 3 Min. / Varoma / Linkslauf / Sanftrührstufe anbraten.

Gemüsebrühe, Pizzatomaten, Topinambur und Paprikaschoten dazugeben und ca. 20 Min. / 100° / Linkslauf / Stufe 1 kochen. Mit Salz und Cayennepfeffer abschmecken und servieren.

Mini-Pizzen mit Salami

Pro Portion ca.: 10 g Kohlenhydrate, 350 kcal

Zutaten für 4 Portionen:
100 g Salami
1 Schalotte
1 Knoblauchzehe
10 g Olivenöl
500 g Tomaten
Salz, Pfeffer aus der Mühle
5 g Oregano
3 Zucchini
200 g Gouda, gerieben

Zubereitung:
Den Backofen auf 210 °C (Umluft 190 °C, Gas Stufe 4) vorheizen.

Salami in Stücken im Mixtopf ca. 3 Sek. / Stufe 8 zerkleinern und umfüllen.

Schalotte schälen, halbieren und zusammen mit der geschälten Knoblauchzehe in den Mixtopf geben und 5 Sek. / Stufe 6 zerkleinern.

Öl dazugeben und 2 Min. / Varoma / Stufe 1 andünsten.

Die Tomaten waschen, häuten, vierteln, die Stielansätze entfernen, durch die Deckelöffnung dazugeben und ca. 15 Sek. / Stufe 10 pürieren.

Die Gewürze zufügen und ca. 10 Min. / Varoma / Stufe 2 kochen.

Die Zucchini waschen, trocken reiben, Blüten- und Stielansatz entfernen und in etwa 0,5 cm dicke Scheiben schneiden.

Die Zucchinischeiben nacheinander mit Tomatensoße, Salami und Käse belegen und im vorgeheizten Backofen ca. 10 - 12 Minuten backen.

Champignons gefüllt mit Putenschinken und Feta

Pro Portion ca.: 4,9 g Kohlenhydrate, 208 kcal

Zutaten für 4 Portionen:
40 g Parmesan
12 große Champignons
1/2 Bund Petersilie
4 Lauchzwiebeln
2 Knoblauchzehen
150 g Feta
Pfeffer aus der Mühle
3 g Rosmarin, getrocknet
150 g Putenschinken

Zubereitung:
Den Backofen auf 185 °C (Umluft 165 °C, Gas Stufe 2) vorheizen.

Parmesan im Mixtopf ca. 10 Sek. / Stufe 10 zerkleinern und umfüllen.

Die Champignons putzen und die Stiele herausdrehen.

Die Petersilie waschen, trocken schleudern und die Blättchen abzupfen.

Lauchzwiebeln putzen, waschen und mit dem geschälten Knoblauch, den Champignonstielen und der Petersilie im Mixtopf 3 Sek. / Stufe 6 zerkleinern.

Feta, Pfeffer, Rosmarin und gewürfelten Putenschinken dazugeben und ca. 10 Sek. / Linkslauf / Stufe 3 verrühren.

Die Mischung in die ausgehöhlten Champignons füllen, mit dem Parmesan bestreuen und in eine gefettete Auflaufform setzen.

Im vorgeheizten Backofen ca. 15 - 18 Minuten backen.

Matjes mit Sour Cream

Pro Portion ca.: 8,4 g Kohlenhydrate, 405 kcal

Zutaten für 4 Portionen:
6 Matjesfilets
1 rote Zwiebel
1 Bund Schnittlauch
1 Bund Dill
3 Frühlingszwiebeln
1 Knoblauchzehe
225 g Schmand
Salz, weißer Pfeffer aus der Mühle
225 g saure Sahne
10 g Zitronensaft

Zubereitung:
Matjesfilets waschen, trocken tupfen und in mundgerechte Stücke schneiden.

Die Zwiebel schälen und in feine Ringe schneiden.

Schnittlauch und Dill waschen, trocken schleudern und die Dillspitzen abzupfen (1 EL beiseitelegen). Die Frühlingszwiebeln waschen, putzen und in Stücken zusammen mit den Dillspitzen, dem Schnittlauch und der geschälten Knoblauchzehe im Mixtopf ca. 8 Sek. / Stufe 5 zerkleinern.

Schmand, Salz, Pfeffer, saure Sahne und Zitronensaft dazugeben und ca. 20 Sek./Stufe 4 unterrühren.

Matjesstücke mit den Zwiebelringen anrichten. Sour Cream darüber verteilen, mit den restlichen Dillspitzen bestreuen und sofort servieren.

Brokkoli-Käse-Muffins mit Speck

Pro Muffin ca.: 1,7 g Kohlenhydrate, 119 kcal

Zutaten für eine Muffinform mit 12 Mulden:
1 Zweig Rosmarin
1 Brokkoli
Salz
4 g Olivenöl
Pfeffer aus der Mühle
50 g Gouda
50 g Speck
7 Eiweiß
5 Eier
50 g Cheddarkäse, gerieben

Zubereitung:
Den Backofen auf 180 °C (Umluft 160 °C, Gas Stufe 3) vorheizen.

Rosmarin waschen, trocken schütteln, die Nadeln abzupfen und fein hacken.

Brokkoliröschen ein paar Minuten in Salzwasser einlegen, abspülen und in den Garkorb geben.

Den Mixtopf mit 500 g Salzwasser füllen, Garkorb einhängen und die Brokkoliröschen ca. 10 Min. / 100°/ Stufe 1 garen. Den Mixtopf leeren.

Brokkoliröschen, Olivenöl und Pfeffer im Mixtopf ca. 3 Sek. / Stufe 5 verrühren und in die gefetteten Mulden der Muffinform füllen.

Gouda und Speck im Mixtopf ca. 4 Sek. / Stufe 5 zerkleinern.

Eiweiß, Eier und Rosmarin dazugeben und ca. 30 Sek. / Stufe 4 vermischen, auf dem Brokkoli verteilen, mit dem Cheddarkäse bestreuen und im vorgeheizten Backofen ca. 14 Minuten backen.

Heidelbeer-Kaiserschmarrn

Pro Portion ca.: 8,3 g Kohlenhydrate, 251 kcal

Zutaten für 4 Portionen:
Für den Teig:
7 Eier
40 g Kokosmehl
40 g Mandelmehl
20 g Johannisbrotkernmehl
30 g Xucker light
Mark einer Vanilleschote
etwas Milch
Außerdem:
150 g Heidelbeeren
10 g Butter
10 g Puderxucker zum Bestreuen

Zubereitung:
Eiweiß und Eigelb voneinander trennen. Rühraufsatz einsetzen. Eiweiß in den fettfreien Mixtopf geben und ca. 3 Min. / Stufe 4 zu Eischnee schlagen. Umfüllen und Rühreinsatz entfernen.

Eigelb und die restlichen Teigzutaten dazugeben und ca. 30 Sek. / Stufe 4 verrühren.

Den Eischnee vorsichtig unterheben.

Die Heidelbeeren verlesen, waschen und abtropfen lassen.

Butter in einer Pfanne erhitzen. Den Teig hineingeben, mit den Heidelbeeren bestreuen und bei mittlerer Hitze auf der Unterseite goldgelb backen. Dann wenden und backen, bis auch die andere Seite leicht gebräunt ist.

Den Kaiserschmarrn mit 2 Gabeln in kleinere Stücke reißen, auf Tellern anrichten und mit Puderxucker bestreut servieren.

Gebackene Eier in Tomaten-Paprika-Soße

Pro Portion ca.: 13 g Kohlenhydrate, 431 kcal

Zutaten für 4 Portionen:
1/2 Bund Petersilie
2 rote Paprikaschoten
2 Schalotten
1 Knoblauchzehe
25 g Olivenöl
800 g Pizzatomaten, zuckerfrei
1 Prise Chilipulver
2 g Kümmel, gemahlen
2 g Edelsüßpaprika
Salz, Pfeffer aus der Mühle
8 Eier
200 g Feta

Zubereitung:
Den Backofen auf 190 °C (Umluft: 170 °C, Gas: Stufe 2-3) vorheizen.

Die Petersilie waschen, trocken schleudern, die Blättchen abzupfen, im Mixtopf 3 Sek. / Stufe 6 zerkleinern und umfüllen.

Die Paprikaschoten putzen, waschen und in Streifen schneiden.

Schalotten schälen, halbieren und zusammen mit der geschälten Knoblauchzehe in den Mixtopf geben und 3 Sek. / Stufe 8 zerkleinern.

Olivenöl dazugeben und ca. 3 Min. / Linkslauf / Stufe 2 dünsten. Paprikastreifen, Pizzatomaten und Gewürze dazugeben und ca. 15 Min. / 100 ° / Linkslauf / Stufe 1 kochen.

In eine ofenfeste Form füllen und mit einem Esslöffel 8 Mulden in die Soße drücken. In jede Mulde jeweils ein Ei schlagen. Feta in Krümeln darüberstreuen und im vorgeheizten Backofen ca. 8 Minuten backen.

Auf Tellern anrichten und mit der Petersilie bestreut servieren.

Camemberts in Mandelpanade mit Apfel-Feldsalat

Pro Portion ca.: 7,3 g Kohlenhydrate, 366 kcal

Zutaten für 4 Portionen:
Für den Camembert:
60 g Mandeln
1 Ei
Pfeffer aus der Mühle
4 Camemberts
30 g Öl
Für den Salat:
1 Apfel
1 Salatgurke
400 g Feldsalat
40 g Apfelessig, zuckerfrei
20 g Olivenöl
Salz, Pfeffer aus der Mühle

Zubereitung:
Mandeln in den Mixtopf geben und 10 Sek. / Stufe 10 mahlen und umfüllen.

Das Ei in einem Teller verquirlen und mit Pfeffer würzen. Camemberts erst im Ei, dann in den Mandeln wenden und dabei etwas andrücken.

Öl in einer Pfanne erhitzen und den Käse darin von jeder Seite ca. 3 Minuten goldbraun braten. (Dabei öfters wenden, damit die Panade nicht zu dunkel wird)

Für den Salat den Apfel waschen, vierteln, entkernen und schälen.

Die Salatgurke waschen, schälen und in Stücken mit dem Apfel in den gereinigten Mixtopf geben und ca. 3 Sek. / Stufe 4 zerkleinern.

Den Feldsalat waschen, trocken schleudern, dazugeben und mit den restlichen Zutaten ca. 6 Sek. / Linkslauf / Stufe 4 vermischen.

Camemberts mit dem Apfel-Feldsalat anrichten und servieren.

Chicorée Crêpes gratiniert

Pro Portion ca.: 5,3 g Kohlenhydrate, 301 kcal

Zutaten für 4 Portionen:
180 g Frischkäse
2 Eier
4 St. Chicorée
Salz
100 g Blauschimmel-Weichkäse
Pfeffer aus der Mühle
100 g Cocktailtomaten
4 TL Butter
25 g Gouda, gerieben
1/2 Bund Schnittlauch

Zubereitung:
Den Backofen auf 200 °C Ober- und Unterhitze vorheizen.

80 g Frischkäse und Eier im Mixtopf ca. 20 Sek. / Stufe 3 verrühren, umfüllen und den Teig ruhen lassen.

Chicorée waschen, vom Strunk befreien, in kochendem Salzwasser ein paar Minuten blanchieren und grob zerkleinern.

Blauschimmel-Weichkäse und restlichen Frischkäse ca. 10 Sek. / Stufe 4 verrühren und mit Pfeffer abschmecken.

Cocktailtomaten waschen, vierteln und mit dem Chicorée im Linkslauf unterrühren.

Jeweils 1 TL Butter in einer Pfanne erhitzen, nacheinander 4 Crêpes aus dem Teig ausbacken und dabei einmal wenden.

Die Crêpes mit der Käsemasse bestreichen, zusammenrollen, nebeneinander in eine Gratinform legen, mit dem Gouda bestreuen und ca. 10 Minuten überbacken.

Schnittlauch waschen, trocken schütteln, in feine Röllchen schneiden, über die Crêpes streuen und servieren.

Fluffiger Quarkauflauf mit Beeren

Pro Portion ca.: 10 g Kohlenhydrate, 273 kcal

Zutaten für 4 Portionen:
400 g gemischte Beeren (Erdbeeren, Himbeeren, Heidelbeeren)
6 g Limettensaft
4 Eier
20 g heißes Wasser
25 g Xucker
Mark einer Vanilleschote
2 Msp. Zimt
500 g Quark
20 g Mandelblättchen

Zubereitung:
Den Backofen auf 200 °C (Umluft 180 °C, Gas Stufe 3–4) vorheizen.

Die Beeren vorsichtig waschen, putzen und nur die Erdbeeren klein schneiden. Mit dem Limettensaft verrühren.

Eiweiß und Eigelb voneinander trennen. Rühraufsatz einsetzen. Eiweiß in den fettfreien Mixtopf geben und ca. 3 Min. / Stufe 4 zu Eischnee schlagen. Umfüllen und Rühreinsatz entfernen.

Eigelb, Wasser, Xucker, Mark der Vanilleschote und Zimt im Mixtopf ca. 10 Sek. / Stufe 4 verrühren.

Quark dazugeben und ca. 10 Sek. / Stufe 4 unterrühren.

Eischnee und Beeren vorsichtig unterheben, in eine gefettete, ofenfeste Auflaufform füllen, mit den Mandelblättchen bestreuen und im vorgeheizten Backofen ca. 22 Minuten backen.

Parmesan-Tomaten

Pro Portion ca.: 4 g Kohlenhydrate, 216 kcal

Zutaten für 4 Portionen:
8 mittelgroße Tomaten
Salz, Pfeffer aus der Mühle
150 g Parmesan
6 g Oregano
1/2 Knoblauchzehe
75 g Mozzarella
1/2 Bund Basilikum
10 g Olivenöl

Zubereitung:
Den Backofen auf 200 °C (Umluft 180 °C, Gas Stufe 3–4) vorheizen.

Tomaten waschen, den Deckel abschneiden, etwas aushöhlen und mit Salz und Pfeffer würzen.

Den Parmesan, Oregano und die geschälte Knoblauchzehe im Mixtopf ca. 10 Sek. / Stufe 10 zerkleinern.

Den Mozzarella abtropfen lassen und klein würfeln.

Basilikum abzupfen, waschen, trocken schleudern und in den ausgehöhlten Tomaten verteilen. Die Parmesanmischung in die Tomaten füllen und den Mozzarella darüber verteilen. Mit dem Olivenöl beträufeln.

Die gefüllten Tomaten in eine ofenfeste, gefettete Form setzen und im vorgeheizten Backofen ca. 10 - 15 Minuten backen.

Low Carb Abendessen Rezepte:

Hackfleisch-Kohlrabi-Topf

Pro Portion ca.: 5,9 g Kohlenhydrate, 365 kcal

Zutaten für 4 Portionen:
450 g Kohlrabi
1 Zweig Thymian
1 Schalotte
10 g Olivenöl
450 g Hackfleisch
Salz, Pfeffer aus der Mühle
550 g Gemüsebrühe
50 g Pizzatomaten, zuckerfrei
80 g Crème fraîche

Zubereitung:
Kohlrabi waschen, schälen und in feine Scheiben schneiden. Den Thymian abspülen, trocken schütteln, Blättchen abzupfen und hacken (1 EL beiseitelegen).

Schalotte schälen, halbieren, in den Mixtopf geben und 3 Sek. / Stufe 5 zerkleinern. Öl dazugeben und 2 Min. / Varoma / Stufe 1 andünsten.

Hackfleisch, Salz und Pfeffer dazugeben und ca. 5 Min. / Varoma / Sanftrührstufe anbraten.

Gemüsebrühe, Pizzatomaten, Thymian und Kohlrabi zufügen und ca. 20 Min. / Varoma / Stufe 1 kochen.

Crème fraîche dazugeben und ca. 30 Sek. / Linkslauf / Sanftrührstufe verrühren.

Hackfleisch-Kohlrabi-Topf in Tellern anrichten und mit dem restlichen Thymian bestreut servieren.

Rosenkohl-Kürbis-Topf mit Fleischwurst

Pro Portion ca.: 16 g Kohlenhydrate, 228 kcal

Zutaten für 4 Portionen:
1 Schalotte
1 Knoblauchzehe
15 g Öl
500 g Rosenkohl
350 g Hokkaidokürbis
700 g Gemüsebrühe
150 g Fleischwurst
Salz, Pfeffer aus der Mühle
1 Prise geriebene Muskatnuss

Zubereitung:
Schalotte schälen, halbieren und zusammen mit der geschälten Knoblauchzehe in den Mixtopf geben und 5 Sek. / Stufe 6 zerkleinern. Öl dazugeben und 2 Min. / Varoma / Stufe 1 andünsten.

Den Rosenkohl putzen, waschen und halbieren. Den Kürbis vierteln, entkernen, schälen und in grobe Würfel schneiden.

Gemüsebrühe, Kürbis, Rosenkohl zugeben und ca. 10 Min. / 100 ° / Linkslauf / Stufe 1 garen.

Fleischwurst in Scheiben schneiden, dazugeben und ca. 5 Min. / 90 ° / Linkslauf / Stufe 1 kochen.

Auf Tellern anrichten, mit Salz, Pfeffer und frisch geriebener Muskatnuss abschmecken und servieren.

Gefüllte Pfannkuchenröllchen mit Lachs und Käse

Pro Portion ca.: 5,8 g Kohlenhydrate, 269 kcal

Zutaten für 4 Portionen:
330 g Frischkäse
2 Eier
1/2 Bund Dill
1/4 Bund Schnittlauch
1/4 Bund Petersilie
Orangenpfeffer
75 g Magerquark
30 g Milch
20 g Butter
250 g Räucherlachs

Zubereitung:
80 g Frischkäse und Eier im Mixtopf ca. 20 Sek. / Stufe 3 verrühren, umfüllen und den Teig ruhen lassen.

Den Dill waschen, trocken schütteln und grob hacken.

Schnittlauch und Petersilie waschen, trocken schleudern, die Blättchen der Petersilie abzupfen und im Mixtopf 3 Sek. / Stufe 6 zerkleinern.

Restlichen Frischkäse, Orangenpfeffer, Magerquark und Milch dazugeben und ca. 10 Sek. / Stufe 2 verrühren.

Aus dem Teig vier Pfannkuchen nacheinander in geschmolzener Butter goldgelb backen.

Die Pfannkuchen jeweils mit der Frischkäsemasse bestreichen, mit dem Räucherlachs belegen, einrollen, schräg in Röllchen schneiden und mit dem Dill bestreut servieren.

Hackfleisch-Gemüse-Suppe

Pro Portion ca.: 10 g Kohlenhydrate, 289 kcal

Zutaten für 4 Portionen:
1/2 Bund Petersilie
1 Schalotte
1 Knoblauchzehe
20 g Öl
1 Zucchini
350 g Möhren
50 g Frühlingszwiebeln
500 g Gemüsebrühe
Salz, Pfeffer aus der Mühle
350 g Rinderhackfleisch
30 g Kokosmilch
1 Prise geriebene Muskatnuss

Zubereitung:
Petersilie waschen, trocken tupfen, Blättchen von den Stielen zupfen und im Mixtopf 3 Sek. / Stufe 6 zerkleinern und umfüllen.

Schalotte schälen, halbieren und zusammen mit der geschälten Knoblauchzehe in den Mixtopf geben und 5 Sek. / Stufe 6 zerkleinern.

Öl dazugeben und 2 Min. / Varoma / Stufe 1 andünsten.

Zucchini, Möhren und Frühlingszwiebeln waschen, putzen, in grobe Stücke schneiden und ca. 4 Sek. / Stufe 5 mithilfe des Spatels zerkleinern.

Gemüsebrühe, Salz, Pfeffer und Hackfleisch in Stücken dazugeben und ca. 20 Min. / 100° / Linkslauf / Stufe 1 kochen.

Kokosmilch und eine Prise Muskat im Linkslauf kurz unterrühren, auf Tellern anrichten und mit der Petersilie bestreut servieren.

Fischröllchen gefüllt mit Avocadocreme

Pro Portion ca.: 5,2 g Kohlenhydrate, 236 kcal

Zutaten für 4 Portionen:
1/4 Bund Koriandergrün
1/2 Bund Dill
250 g Frischkäse
Salz, Pfeffer aus der Mühle
1 Prise Chilipulver
100 g Avocado
150 g Tomaten
4 Schollenfilets
4 Holzspieße
20 g Öl

Zubereitung:
Koriander und Dill waschen, trocken tupfen, abzupfen und im Mixtopf 3 Sek. / Stufe 6 zerkleinern. (1 EL beiseitelegen)

Frischkäse, Salz, Pfeffer und Chilipulver dazugeben und ca. 10 Sek. / Stufe 2 verrühren.

Die Avocado halbieren und das Fruchtfleisch in Würfel schneiden.

Die Tomaten häuten, entkernen, klein schneiden und beides im Linkslauf unter die Frischkäsemasse rühren.

Die Schollenfilets trocken tupfen, salzen, pfeffern und mit der Käsemasse bestreichen.

Von der schmalen Seite her einrollen und mit Holzspießen fixieren.

In heißem Öl von jeder Seite 2 - 3 Minuten braten.

Auf Tellern anrichten und mit den restlichen Kräutern bestreut servieren.

Apfel-Chicken-Curry

Pro Portion ca.: 9,8 g Kohlenhydrate, 292 kcal

Zutaten für 4 Portionen:
3 Schalotten
2 Knoblauchzehen
40 g Ingwer
25 g Öl
15 g Currypaste
500 g Hähnchenbrustfilet
Salz, Pfeffer aus der Mühle
2 Äpfel
250 g Gemüsebrühe
170 g Kokosmilch
20 g Mandelblättchen

Zubereitung:
Schalotten schälen, halbieren und zusammen mit den geschälten Knoblauchzehen und dem geschälten Ingwer in den Mixtopf geben und 3 Sek. / Stufe 8 zerkleinern.

Öl und Currypaste dazugeben und 2 Min. / Varoma / Stufe 1 andünsten.

Das Fleisch waschen, trocken tupfen, in Würfel schneiden, in den Mixtopf geben, Salz und Pfeffer zufügen und ca. 5 Min. / 100°/ Linkslauf / Sanftrührstufe anbraten.

Die Äpfel waschen, schälen, entkernen, in Würfel schneiden, zusammen mit der Gemüsebrühe dazugeben und ca. 10 Min. / 100°/ Linkslauf / Sanftrührstufe garen.

Kokosmilch dazugeben und ca. 3 Min. / 100°/ Linkslauf / Sanftrührstufe unterrühren.

Auf Tellern anrichten und mit Mandelblättchen bestreut servieren.

Spitzkohlgratin mit Speck

Pro Portion ca.: 10,5 g Kohlenhydrate, 463 kcal

Zutaten für 4 Portionen:
80 g Goudakäse
700 g Spitzkohl
250 g Möhren
30 g Öl
100 g Gemüsebrühe
Salz, Pfeffer aus der Mühle
2 Stiele Thymian
300 g Saure Sahne
3 Eier
1 Prise geriebene Muskatnuss
120 g Speckwürfel

Zubereitung:
Den Backofen auf 220 °C (Umluft 200 °C, Gas Stufe 5) vorheizen.

Gouda im Mixtopf 6 Sek. / Stufe 5 zerkleinern und umfüllen.

Spitzkohl und Möhren putzen, waschen und in Stücken im gereinigten Mixtopf 5 Sek. / Stufe 5 zerkleinern.

Öl dazugeben und 2,5 Min. / Varoma / Linkslauf / Stufe 1 andünsten.

Gemüsebrühe, Salz und Pfeffer zufügen und ca. 10 Min. / 100° / Stufe 2 köcheln.

Den Thymian waschen, trocken tupfen, die Blätter abzupfen und hacken.

Saure Sahne, Thymian, Eier, Salz, Pfeffer und Muskat im Mixtopf ca. 15 Sek. / Stufe 4 verrühren.

Gemüse und Speckwürfel in eine Auflaufform geben, mit der Sahnesoße übergießen und dem Gouda bestreuen.

Im vorgeheizten Backofen ca. 10 Minuten backen.

Käse-Schinken-Sesam-Burger

Pro Burger ca.: 1,6 g Kohlenhydrate, 221 kcal

Zutaten für 12 Stück:
4 Eier
40 g Frischkäse
1 g Weinstein-Backpulver
0,5 g Salz
25 g Sesam
100 g Eisbergsalat
6 Tomaten
40 g Butter, weich
200 g gekochter Schinken
12 Scheiben Emmentaler

Zubereitung:
Den Backofen auf 160 °C Umluft vorheizen.

Eiweiß und Eigelb voneinander trennen. Rühraufsatz einsetzen. Eiweiß in den fettfreien Mixtopf geben und ca. 3 Min. / Stufe 4 zu Eischnee schlagen. Umfüllen und Rühreinsatz entfernen.

Eigelb, Frischkäse, Backpulver und Salz dazugeben und im Mixtopf ca. 20 Sek. / Stufe 3 verrühren. Den Eischnee vorsichtig kurz unterheben.

Mit einem Löffel 12 Häufchen auf ein mit Backpapier belegtes Backblech setzen und mit Sesam bestreuen.

Im vorgeheizten Backofen ca. 15 Minuten backen.

Eisbergsalat und Tomaten waschen. Die Tomaten in Scheiben schneiden.

Die Brötchen waagerecht durchschneiden und die Böden mit Butter bestreichen. Mit Salat, Schinken, Käse und Tomaten belegen und den Brötchendeckel auflegen.

Gemüseröstis

Pro Portion ca.: 8 g Kohlenhydrate, 289 kcal

Zutaten für 4 Portionen:
100 g Emmentaler
3 Möhren
1 Petersilienwurzel
1 Zucchini
1 kleine Sellerieknolle
3 Lauchzwiebeln
3 Eier
Salz, Pfeffer aus der Mühle
Außerdem:
30 g Butterschmalz

Zubereitung:
Emmentaler in Stücken in den Mixtopf geben und ca. 4 Sek. / Stufe 8 zerkleinern.

Das Gemüse waschen, putzen und in grobe Stücke schneiden. Zusammen mit den restlichen Zutaten im Mixtopf ca. 15 Sek. / Stufe 5 mithilfe des Spatels zerkleinern.

Butterschmalz in der Pfanne erhitzen, mit einem Esslöffel kleine Teigportionen hineingeben, flach drücken und von beiden Seiten braten.

Mangold-Gnocchi in Salbeisoße

Pro Portion ca.: 7,5 g Kohlenhydrate, 480 kcal

Zutaten für 4 Portionen:
300 g Mangold
500 g Quark
55 g Johannisbrotkernmehl
3 Eier
1 Prise Salz
1 Schalotte
15 Salbeiblätter
1 Knoblauchzehe
30 g Butter
300 g Sahne
Salz, Pfeffer aus der Mühle
etwas Johannisbrotkernmehl für die Arbeitsfläche

Zubereitung:
Den Mangold waschen, trocken schütteln, die Blätter von den Stielen lösen und im Mixtopf ca. 5 Sek. / Stufe 9 zerkleinern.

Magerquark, Johannisbrotkernmehl, Eier und Salz dazugeben und ca. 30 Sek. / Stufe 5 verrühren, umfüllen und ruhen lassen.

Inzwischen die Schalotte schälen, halbieren, die Salbeiblätter abspülen, trocken schütteln und zusammen mit der geschälten Knoblauchzehe im gereinigten Mixtopf ca. 8 Sek. / Stufe 5 zerkleinern. Butter dazugeben und 3 Min. / Varoma / Stufe 1 andünsten. Sahne, Salz und Pfeffer dazugeben und ca. 5 Min. / 100° / Stufe 1 köcheln.

Aus dem Teig walnussgroße Kugeln formen, auf eine bemehlte Arbeitsfläche legen und mit einer Gabel etwas flach drücken.

In siedendem Salzwasser ca. 3 - 4 Minuten ziehen lassen, bis sie an die Wasseroberfläche steigen.

Die Gnocchi etwas abtropfen lassen, auf Tellern anrichten und die Salbeisoße darübergießen.

Zoodles (Nudeln aus Zucchini) in Sahne-Basilikum-Soße

Pro Portion ca.: 8 g Kohlenhydrate, 542 kcal

Zutaten für 4 Portionen:
2 Bund Basilikum
100 g Pecorino
1 Schalotte
10 g Olivenöl
100 g Butter, weich
4 Zucchini
250 g Sahne
Salz, Pfeffer aus der Mühle

Zubereitung:
Basilikum waschen, trocken schütteln, von den Stielen zupfen und im Mixtopf ca. 6 Sek. / Stufe 6 zerkleinern und umfüllen.

Pecorino im Mixtopf ca. 10 Sek. / Stufe 10 zerkleinern und umfüllen.

Schalotte schälen, halbieren, in den Mixtopf geben und 3 Sek. / Stufe 5 zerkleinern. Öl dazugeben und 2 Min. / Varoma / Stufe 1 andünsten.

Die Butter dazugeben und ca. 3 Min. / 100° / Stufe 1 schmelzen.

Die Zucchini waschen, trocken reiben, Blüten- und Stielansatz entfernen und mit einem Spiralschneider oder Sparschäler in dünne Streifen schneiden.

Basilikum, Sahne und Zucchinistreifen im Mixtopf zufügen und ca. 3 Min. / 100°/ Linkslauf / Stufe 2 garen.

Mit Salz und Pfeffer abschmecken, in tiefen Tellern anrichten, mit dem Käse bestreuen und servieren.

Pfifferling Ragout

Pro Portion ca.: 3,2 g Kohlenhydrate, 212 kcal

Zutaten für 4 Portionen:
1/4 Bund Majoran
1 Zwiebel
1 Knoblauchzehe
450 g Pfifferlinge
20 g Öl
220 g Crème fraîche
5 g grober Senf, zuckerfrei
Salz, Pfeffer aus der Mühle

Zubereitung:
Den Majoran waschen, trocken schütteln, die Blätter im Mixtopf 3 Sek. / Stufe 6 zerkleinern und umfüllen.

Die Zwiebel schälen, halbieren und zusammen mit der geschälten Knoblauchzehe in den Mixtopf geben und 5 Sek. / Stufe 5 zerkleinern.

Pfifferlinge putzen, zusammen mit dem Öl dazugeben und ca. 4 Min. / Varoma / Linkslauf / Stufe 1 anbraten.

Crème fraîche, Senf, Salz und Pfeffer zufügen und ca. 1 Min. / 100° / Stufe 1 unterrühren.

Auf Tellern anrichten und mit Majoran bestreut servieren.

Blumenkohl Couscous

Pro Portion ca.: 7 g Kohlenhydrate*, 377 kcal

Zutaten für 4 Portionen:
100 g Mandeln
7 Stiele Minze
700 g Blumenkohlröschen
6 g Bio-Orangenschale, Abrieb
20 g Kokosöl
240 g Kichererbsen
3 g Koriander, getrocknet
3 g rote Chiliflocken
3 g Curry
1 Prise Zimt
Salz, Cayennepfeffer
120 g Kokosmilch, zuckerfrei

Zubereitung:
Mandeln in den Mixtopf geben und 5 Sek. / Stufe 5 hacken.

Gehackte Mandeln in einer Pfanne ohne Fett rösten und abkühlen lassen. Minze waschen, trocken schütteln und die Blättchen abzupfen. (1 EL beiseitelegen)

Blumenkohlröschen, Bio-Orangenschale und Minzblättchen im Mixtopf ca. 15 Sek. / Stufe 5 mithilfe des Spatels zerkleinern.

Öl und Kichererbsen dazugeben und ein paar Minuten bei 80° / Stufe 1 rösten.

Gehackte Mandeln und die Gewürze 4 Sek. / Stufe 4 unterrühren.

Kokosmilch zufügen und kurz im Linkslauf unterrühren.

Auf Tellern anrichten und mit restlicher Minze bestreut servieren.

* Hinweis: Kichererbsen liefern langkettige Kohlenhydrate und wurden deshalb bei der Berechnung vernachlässigt.

Disclaimer
Die Inhalte dieses Buches wurden mit größter Sorgfalt erstellt. Eine Haftung für Personen-, Sach- und Vermögensschäden ist ausgeschlossen. Für die Richtigkeit, Vollständigkeit und Aktualität der Inhalte können wir jedoch keine Gewähr übernehmen. Dieses Buch enthält Links zu externen Webseiten Dritter, auf deren Inhalte wir keinen Einfluss haben. Deshalb können wir für diese fremden Inhalte auch keine Gewähr übernehmen. Für die Inhalte der verlinkten Seiten ist stets der jeweilige Anbieter oder Betreiber der Seiten verantwortlich. Die verlinkten Seiten wurden zum Zeitpunkt der Verlinkung auf mögliche Rechtsverstöße überprüft. Rechtswidrige Inhalte waren zum Zeitpunkt der Verlinkung nicht erkennbar. Eine permanente inhaltliche Kontrolle der verlinkten Seiten ist jedoch ohne konkrete Anhaltspunkte einer Rechtsverletzung nicht zumutbar. Bei Bekanntwerden von Rechtsverletzungen werden wir derartige Links umgehend entfernen.

Urheberrecht/Leistungsschutzrecht
Die veröffentlichten Inhalte, Werke und bereitgestellten Informationen unterliegen dem deutschen Urheberrecht und Leistungsschutzrecht. Jede Art der Vervielfältigung, Bearbeitung, Verbreitung, Einspeicherung und jede Art der Verwertung außerhalb der Grenzen des Urheberrechts bedarf der vorherigen schriftlichen Zustimmung des jeweiligen Rechteinhabers. Das unerlaubte Kopieren/Speichern der bereitgestellten Informationen auf diesen Seiten ist nicht gestattet und strafbar.